UN VIEIL ALGÉRIEN

L'INSÉCURITÉ

EN

ALGÉRIE

SES CAUSES

LES MOYENS DE RÉTABLIR LA SÉCURITÉ D'AUTREFOIS

ALGER

IMPRIMERIE L. REMORDET & Cie

Rue de la Casbah, 4 et Rue Charles-Quint, 5

—

1893

L'INSÉCURITÉ EN ALGÉRIE

L'INSÉCURITÉ

EN

ALGÉRIE

Ses Causes

Les Moyens de rétablir la Sécurité d'autrefois

ALGER

IMPRIMERIE L. REMORDET & Cie

Rue de la Casbah, 4 et Rue Charles-Quint, 5

1893

DÉDIÉ

A

Monsieur le Gouverneur Général

DE

l'Algérie

UN VIEIL ALGÉRIEN

L'INSÉCURITÉ EN ALGÉRIE

NE fois de plus la question de la sécurité est à l'ordre du jour, en Algérie : « Nous sommes à la veille d'une insurrection ! » Tel est le cri qui a résumé les inquiétudes de l'esprit public, et voici que, fonctionnaires ou simples citoyens, administrateurs ou administrés, chacun s'est mis à la recherche des mesures propres à la répression du brigandage. La Presse, les Conseils généraux et municipaux, les Députés et Sénateurs ont émis des avis ou des vœux. Seul, le Gouvernement général n'a pas encore parlé.

De toutes les théories produites, aucune, malheureusement, ne semble devoir atteindre le but cherché. Ce ne sont ni les gendarmes, ni la police, en créa-t-on tout exprès, qui empêcheront les crimes et les délits. Les brigands passeront des journées entières dans les villages, sur les marchés et les routes, côte à côte avec les braves défenseurs de l'ordre qui ne se douteront même pas de ce singulier voisinage.

L'ouverture de tranchées ou de passages à travers les forêts sera tout aussi inefficace. Quant à la responsabilité collective, pour qui connaît la constitution vraie, l'organisation et la vie réelles de la tribu arabe, c'est une flagrante injustice. Elle ne frappe que les indigènes, victimes, tout autant que les colons, des méfaits de leurs propres coreligionnaires.

Le remède efficace, il faut que le Gouvernement général l'étudie, le recherche minutieusement, tout comme si la question se présentait pour la première fois, sans hésiter à faire école, c'est-à-dire à abandonner ce qui a pu être fait ou pensé jusqu'ici, si cela ne vaut rien, et à recommencer encore de nouvelles épreuves s'il est nécessaire.

Je me borne humblement à placer ici quelques observations désintéressées, ainsi que doit le faire tout homme qui a longuement vécu dans ce pays et peut, simplement et sincèrement, exposer des idées qu'il croit utiles au bien de l'Algérie et de la France.

A mon avis, l'insécurité tient à deux causes :

Sous le régime militaire la police des tribus était faite par les Aghas et les Caïds, avec le concours des cavaliers Makhzen.

Les Caïds avaient le droit d'infliger une amende qui ne devait excéder 25 francs et ils pouvaient emprisonner immédiatement chez eux tout délinquant qui leur était amené, jusqu'à ce que leurs rapports fussent terminés. Prisonnier et rapport étaient alors transmis à l'autorité militaire.

Mais les Caïds n'étaient pas, ainsi que cela se voit trop aujourd'hui, choisis parmi les *Ouled el plaça*, les décrotteurs ou autres personnages de même valeur. Issus des grandes familles, ayant commandé leurs tribus sous la domination turque, puis sous le drapeau français, ils avaient sur leurs administrés une immense influence. D'autre part leurs relations d'amitié avec les notables des tribus voisines leur facilitaient singulièrement leurs recherches et rien de ce qui se passait, soit chez eux, soit dans les tribus voisines, ne pouvait leur échapper. Ils tenaient l'autorité militaire au courant de tous les faits qui pouvaient se produire autour d'eux et, s'ils ne pouvaient toujours donner les causes exactes des événements, du moins fournissaient-ils rapidement des rapports et des exposés qui facilitaient les mesures à prendre.

Ces chefs indigènes avaient à leur service un certain nombre de cavaliers Makzhen, variant avec l'étendue de leur territoire de commandement. Jour et nuit la police des douars et tribus était assurée et l'on peut dire que la sécurité régnait partout. Très certainement les attaques et attentats incroyables qui se multiplient aujourd'hui étaient alors crimes parfaitement inconnus.

Un des premiers actes de M. le Gouverneur général Tirman fut la suppression des Caïds et Aghas dont les commandements furent sectionnés au profit de quelques jeunes gens, sans influence ni prestige. Car, si on voulait bien chercher, on verrait aisément que, seuls, les quelques anciens Caïds maintenus en fonctions, ont pu continuer à rendre réellement des services.

Le titre même a été supprimé. Le *Caïd* est devenu *adjoint stagiaire*, mais on lui a enlevé le droit d'infliger des amendes.

Enfin, et par la pire des erreurs, on a choisi, parmi les cavaliers, un homme par douar, qui est devenu garde-champêtre assermenté, et dresse à tort et à travers, et contre qui il lui plaît, des procès-verbaux, et ce à la barbe de ses anciens Caïds qui, après 30 ou 40 ans de services, sont devenus les inférieurs de leurs domestiques.

Il fallait ne pas connaître l'esprit des Indigènes pour ne pas prévoir ce qui allait infailliblement se produire. Le prestige de l'autorité disparu, le relâchement général de tout respect s'en est suivi. Les nouveaux adjoints indigènes, sans influence, incapables de se faire obéir, ignorent fatalement ce qui se passe dans les tribus et ne peuvent ni renseigner ni seconder les Administrateurs.

M. Tirman, en voulant détruire à tout prix les grands commandements indigènes, abattre les grands chefs pour empêcher le renouvellement des insurrections et le retour des événements de 1871, n'a point songé à la désorganisation de la police générale des tribus.

L'insurrection de 1871 a eu cependant bien d'autres origines et tout homme rompu aux affaires algériennes en connaît les causes et sait les moyens d'en enrayer toute tentative nouvelle.

Il faut donc, coûte que coûte, remettre les Caïds au pouvoir, comme au temps du régime militaire. Qu'on supprime le titre si l'on veut, il importe peu, mais qu'on rende aux titulaires leurs anciens droits, celui de l'amende notamment. Qu'on reconstitue le Makhzen en doublant, au besoin, le nombre des cavaliers qui seront choisis parmi les indigènes honnêtes et sûrs. La position qu'on leur fera sera une garantie de leur vigilance et de leur fidélité. Sans cesse de patrouille sur les routes, les marchés, dans les villages, les douars, les forêts, faisant la police de jour et de nuit, ils auront mission d'arrêter tous les individus suspects, de signaler la présence des rôdeurs ou des repris de justice. Le rôle des gardes-champêtres sera désormais inutile et ceux de ces fonctionnaires qui sont actuellement en exercice iront grossir les rangs des cavaliers aux ordres des Caïds.

Je demande la permission d'insister encore une fois sur

le choix exceptionnel qui devra présider aux nominations
de ces derniers.

Le Caïd doit être pris dans les rangs des gens les plus
notables et des plus influents des tribus mêmes qu'il est
appelé à commander. La sélection doit être raisonnée en
tenant compte du véritable esprit des indigènes vis-à-vis
de ceux qui seront leurs chefs directs. A toute tribu un
Caïd de sa race propre, de son origine. Le Caïd voisin
n'aurait plus la même autorité.

Que le titre *d'adjoint indigène* ne soit donné qu'à
l'adjoint indigène de la commune de plein exercice relevant
des Maires. Réservez pour les adjoints des communes
mixtes la dénomination de *Cheikhs* ou chefs de douar
relevant des Caïds.

Ce fait, le service ainsi organisé, que l'on rende le Caïd
responsable de tout ce qui surviendra dans sa tribu, sous
peine de révocation ou d'amendes dont le minimum serait
de 500 francs.

Voilà le vrai et seul moyen d'empêcher le brigandage.
Il a, du reste, l'avantage de coûter infiniment moins cher
que tous ceux qui ont été préconisés jusqu'à ce jour et ne
serviront à rien.

*
* *

Quant aux bandits qui existent actuellement, il faut
user avec eux des moyens qu'employaient les Bureaux
Arabes : accorder l'amane aux chefs de bande et les
pourvoir d'emplois de cavaliers ou chaouchs. Ils seront les
premiers à arrêter ou dénoncer leurs lieutenants et complices. C'est le seul mode pratique de débarasser le pays
des bandes qui l'infestent et d'en empêcher la reconstitu-

tion, chacun des brigands n'ayant plus qu'une crainte, celle d'être vendu par ses frères ou amis.

*
* *

Sous le régime militaire les Caïds avaient plusieurs tribus sous leurs ordres. Ils recevaient, comme rémunération, le dixième des impôts et des amendes par eux reversés au Trésor. En moyenne leurs honoraires atteignaient 7 à 8000 francs par an.

Aujourd'hui, depuis le sectionnement des Caïdats, la suppression des amendes infligées directement, le Caïd, devenu adjoint, touche de 2 à 300 francs par an. C'est à ce prix qu'il a pu voir tous ses sentiments d'amour-propre froissés et qu'il s'est trouvé l'humble subordonné de ses anciens serviteurs devenus gardes-champêtres. Les procès-verbaux ont remplacé les amendes, mais le mécontentement est devenu général. Tondu pour tondu, pourrait-on dire avec un cynisme quelque peu pratique en pays indigène, l'Arabe aimait mieux l'être de la main d'un noble que de celle d'un roturier.

Il faut prendre les peuples comme ils sont.

Le redoutable problème de l'abaissement de la puissance des grands chefs indigènes, combiné avec celui de la police des tribus et de la répression, M. Tirman a cru le résoudre d'un seul coup par le sectionnement des Caïdats. Or, cette question qui, en somme, est celle de l'organisation administrative en pays arabe, avait coûté de longues années d'études aux Gouverneurs militaires et à leurs représentants qui, eux, l'avaient suivie sur place sans pouvoir la résoudre définitivement.

*
* *

Quelques mots maintenant des faits qui ont causé l'insécurité.

Je place en première ligne l'expropriation de terrains considérables pour la colonisation, le sequestre, les amendes collectives de guerre infligées après l'insurrection de 1871. A dater de cette époque, et comme par une sorte de fatalité, les années se sont succédées de plus en plus mauvaises. Les sauterelles, la sécheresse, se sont suivies dans une lamentable monotonie, sans que la récolte suivante ait même pu combler les misères de celle qui l'avait précédée.

Or, l'Arabe vit surtout de céréales. Et, quand on se représente la situation agricole actuelle on se demande avec terreur ce que réserve à la population indigène, l'année 1894, surtout dans le département de Constantine.

Menacés de la famine, sans protection contre les voleurs, la population arabe est matériellement obligée de se livrer à une véritable lutte pour la vie. Les infirmes, les veuves et les orphelins se dispersent dans nos villes et s'y livrent à la mendicité, les hommes valides rejoignent les bandits dans la broussaille, préférant hurler avec les loups, mais partager le fruit de leurs larcins, que d'être dévorés par eux.

Ce qui se passe aujourd'hui je l'ai écrit par intuition il y a dix ans, en 1883, dans un mémoire que j'adressais à la Chambre des députés par l'intermédiaire de la Société française pour la protection des Indigènes.

MÉMOIRE

SUR LE

PASSÉ ET L'AVENIR DES INDIGÈNES DE L'ALGÉRIE

Au nom de toute la population indigène musulmane de l'Algérie nous appelons sur nous l'attention loyale et bienveillante de la grandeur du Gouvernement français et nous le prions de vouloir bien déployer sa haute justice envers notre sort, notamment au sujet du projet des 50 millions de francs que l'administration et les représentants de l'Algérie demandent au Gouvernement, pour l'expropriation des terres des indigènes, sans penser au grand malheur que ces expropriations occasionneraient à toute la population indigène et en faisant croire que les indigènes ont plus de terre qu'il ne leur en faut, ne les cultivent pas et en laissent la moitié en friche.

Ils disent aussi que les Arabes ont à gagner avec l'extension de la colonisation officielle et que leurs terres reprendront de la valeur ; mais comment cela serait-il, puisqu'on leur enlèverait tout ce qui est cultivable, sur quoi trouveraient-ils leur bénéfice ? Bien certainement ceux qui disent cela n'attachent aucune importance à l'avenir des Arabes, ils ne cherchent qu'à les faire disparaître du sol algérien, mais la grandeur de la France ne voudra pas que ses sujets soient ainsi traités.

Ils disent aussi que l'expropriation des terres des Arabes donnera une parfaite sécurité à la colonisation.

Eh bien, nous allons répondre à ces questions, l'une après l'autre.

C'est à peine si les terres que possèdent actuellement les Arabes leur suffisent pour leur existence ; je parle des tribus qui sont voisines du Tell et à son extrémité du côté du Sud.

Quant à ceux qui sont entre l'Atlas et la mer, ils ont été expropriés déjà deux ou trois fois et refoulés dans les montagnes où ils ne peuvent défricher un seul pouce de terre, par suite des procès-verbaux des agents, forestiers, car dans le Tell, ces derniers les empêchent même d'arracher l'alfa.

Qu'on nous montre quel sera l'avantage des Arabes, une fois qu'on leur aura enlevé leurs terres, leurs jardins, leur mechtas (villages arabes avec leurs silos). Il vaudrait mieux les faire massacrer tous à la fois que de les laisser ainsi mourir de faim.

Les demandeurs des 50 millions n'ont pas tout dit au Gouvernement ; pourquoi n'ont-ils pas dit franchement que les Arabes de l'Algérie n'avaient pas d'autre industrie pour leurs moyens d'existence que les céréales et les troupeaux, pas autre chose. Aussi l'Arabe privé de terres est comme le poisson : s'il sort de l'eau, il meurt.

En admettant qu'on leur payera bien en argent la valeur de leurs terres, cet argent disparaitra ; au bout de six mois toutes les familles se trouveront exposées à la misère, parce que les indigènes ne savent pas faire valoir l'argent comme les Européens.

On a prétendu aussi qu'il faut l'assimilation des deux races.

Mon Dieu, l'assimilation doit-elle être faite par le refoulement et la disparition des populations arabes ? mais ce qui fait assimiler les races, c'est leur fusionnement et ce fusionnement ne se fera jamais par le refoulement et par la colonisation forcée, dite officielle, car nous voyons partout en Algérie, les commissions des centres composées des seuls colons intéressés, ne demandent qu'à exproprier tous les propriétaires arabes qui se trouvent bien placés dans le voisinage des centres à créer ou de ceux qui existent déjà.

Comment voulez-vous, avec ces procédés, qu'on arrive à la fusion, à l'assimilation et à la civilisation ?

Le seul moyen pratique pour rendre le bien-être aux deux races, le voici :

Laissez la colonisation libre ; hâtez l'appplication de la loi sur la propriété indigène pour faciliter des transactions, et faites des sacrifices pour les constructions d'écoles au centre des tribus, faites des routes et des barrages pour les eaux ; de cette façon les colons achèteront directement des terres aux Arabes et s'installeront au milieu des tribus, du plein gré de tout le monde, ils vivront en bonne intelligence, ensemble, sans haine, sans rancune à l'inverse de ce que produirait l'expropriation forcée ; par ces moyens, la fusion se fera vite entre les deux races.

Ce n'est pas par le vote des 50 millions qu'on arrivera à ce résultat, et la seule justice voudrait qu'on tienne compte des intérêts des indigènes qui, aujourd'hui, sont devenus sujets français et ont montré leur dévouement à la France en combattant dans les rangs de ses enfants d'origine pour l'honneur de son drapeau.

On dit encore que l'expropriation des terres des indigènes de l'Algérie est demandée dans un but d'utilité publique ; cependant, ce n'est pas un cas d'utilité publique que d'exterminer un peuple d'environ trois millions d'hommes, nous comprenons l'utilité publique pour ouvrir un chemin ou une rue, une place publique ou un canal d'irrigation et d'autres édifices d'intérêt public, mais pas pour déposséder un peuple d'environ trois millions de sujets qui payent un fort impôt depuis cinquante-trois ans et pour donner leurs terres, leurs jardins, maisons et silos gratuitement à d'autres qui ne payent aucun impôt direct.

Nous appelons l'attention des hommes de grand esprit à ce sujet, qui est très grave.

J'arrive maintenant à la question de sécurité que les auteurs du projet prétendent devoir être assurée après l'expropriation des Indigènes. Or, voici au contraire ce qui arrivera : les Arabes mangeront en peu de temps le montant de l'indemnité des terres qu'on leur prendra, et tous les usuriers attendent avec impatience ce moment. Alors, dénués de tout, les hommes solides iront former des bandes de malfaiteurs dans les forêts et montagnes, et la nuit descendront pour voler et piller dans les villages et sur les routes pour porter de quoi pouvoir nourrir leurs enfants.

Quant à l'autre classe chétive, composée des veuves, des orphelins, des vieillards et d'autres personnes infirmes, ils se disperseront dans les villes pour mendier la charité publique, ainsi que nous voyons actuellement cela se passer pour des tribus déjà expropriées, voilà pourquoi toute la population indigène implore la haute justice du Gouvernement français et sollicite de sa bienveillance de vouloir bien, avant d'accorder pour notre malheur les 50 millions, ordonner une enquête qui sera ouverte dans toutes les tribus de l'Algérie, pour examiner la valeur des terres qu'on prétend non occupées, et laissées en friches. Les enquêteurs iraient dans tous les marchés arabes de l'Algérie, pour demander son avis à la population indigène ; ils interrogeraient les cultivateurs musulmans pour savoir s'il est vrai, comme on a osé le soutenir, qu'ils sollicitent l'expropriation de leurs terres, s'ils en seront contents et s'ils gagneront beaucoup avec les colons qui les remplaceront sur leurs propriétés.

Depuis plusieurs années, les partisans de l'expropriation des terres indigènes prétendent que la misère qui avait eu lieu en 1867 n'a détruit que les Arabes qui habitent hors du territoire de la colonisation et que tous ceux du territoire civil ont échappé à la famine grâce à la prévoyance des colons et aux moyens d'existence que les Arabes avaient en territoire civil.

Erreur, erreur, erreur ! ceci n'est bon à soutenir qu'à des gens qui ne connaissent pas la situation du pays, car voici la franche vérité sur ce sujet :

L'Algérie est divisée en trois zones de terrains et de température, et voici comment : la première zone, c'est le versant nord du premier Atlas qui longe le littoral.

La deuxième zone, c'est celle des hauts plateaux du Tell, qui sont placés entre le premier Atlas sus-nommé et le second Atlas qui sépare El-Hodna et le Sahara (désert), et la troisième zone, c'est le Sahara, et dans chacune de ces trois régions, la température est différente, et la population vit également différemment ; la population saharienne est nomade, elle vit avec le produit de ses troupeaux, avec la laine, les moutons, le beurre, les dattes, etc., qu'elle vend aux gens du Tell et elle achète chez ces derniers les céréales nécessaires pour les approvisionnements de l'année.

Quant aux gens du Tell, qui sont stables, cultivateurs et éleveurs de bestiaux, surtout pour le travail, cette population n'a pas d'autres moyens d'existence que la culture des céréales, blés et orges. Toutes les dépenses pour leurs besoins sortent du produit des récoltes.

Quant à la troisième zone, où les habitants se trouvent au versant nord vers la mer, c'est autre chose, ils sont presque tous Kabyles, depuis la Calle jusqu'à Nemours (c'est ce qui constitue la plus grande partie du territoire civil).

Ces populations ont toutes sortes d'autres ressources pour vivre dans leur région, quoiqu'elles n'aient pas beaucoup d'espace de terre chez elles.

Mais elles ont des huiles, des figues, des karoubes ; elles ont des jardins potagers, beaucoup de légumes secs : fèves, pois chiches, haricots et lentilles ; elles cultivent aussi dans leurs jardins irrigables, le maïs, le millet et le sorgho noir, etc., et à la rigueur, ces populations peuvent vivre avec des glands de chêne-liège, et certains herbages des champs ; voilà la situation des trois catégories de la population algérienne, et nous arrivons maintenant à la cause avérée de la misère de 1867.

En 1865, 1866 et 1867, la pluie a manqué totalement dans les hauts plateaux du Tell et dans tout le Sahara. Pendant la période des trois années ci-dessus, le littoral, au contraire, n'a pas complètement manqué d'eau. En effet, le temps se couvre du côté du nord, le brouillard monte jusqu'à la première ligne de l'Atlas, qui longe le littoral, et le sirocco soufflant du sud arrête les nuages à l'horizon, alors cette agglomération de brouillard lâche sa pluie fine tout le long du versant nord, de sorte qu'aux habitants de toute cette contrée il ne leur a pas manqué de pluie, quoique bien légère, comme ils sont rafraichis toujours par la brise de mer, leur situation a été meilleure que celles de leurs voisins des hauts plateaux. Alors, lorsque la famine s'était déclarée partout dans les hauts plateaux du Tell jusqu'au Sahara, la population qui longeait le littoral depuis la Calle jusqu'à Nemours n'avait pas à souffrir de la famine, parce qu'elle avait toutes les ressources que j'ai déjà indiquées plus haut, et qui ont prévenu le malheur qui a frappé leurs voisins.

Pour justifier ce que je viens de dire, toutes les tribus du Tell qui se trouvaient voisines du versant nord se sont jetées sur le littoral et l'ont envahi avec leurs familles et leurs troupeaux, pour y trouver de quoi vivre, avec leurs bestiaux, par les herbages des champs et les glands des forêts.

Personne ne pourra soutenir le contraire de ce que je viens de dire, puisque j'étais fonctionnaire en ce moment, et que j'ai été chargé par mes chefs de parcourir les tribus du littoral et de prendre note du nombre des familles et des bestiaux des tribus du Tell qui avaient émigré sur le versant du nord. Par conséquent, ceux qui disent que c'est la présence des colons du territoire civil et les ressources qu'elle offrait qui ont sauvé de la misère les Arabes habitant le périmètre de la colonisation, se trompent complètement. Qu'on ne dise pas cela à nous qui étions sur les lieux, qu'on se contente de chercher à le faire croire à ceux qui n'ont jamais connu la situation du pays, car les personnes habitant l'Algérie depuis la conquête, moi entre autres, fonctionnaire depuis 1840, employé dans les trois départements de l'Algérie, et connaissant tous les événements qui se sont passés en Algérie depuis la conquête jusqu'à ce jour, nous ne pouvons pas admettre des erreurs pareilles.

Ces indications que je viens de donner sont un simple résumé que j'ai très abrégé pour ne pas rentrer dans les grands détails de l'histoire de notre malheureux pays.

Ce n'est pas un étranger qui a écrit ce mémoire, c'est un vrai musulman naturalisé français, ancien fonctionnaire de la France. Il croit avoir donné beaucoup d'exemples du progrès de la civilisation à ses coreligionnaires, mais malheureusement il est à craindre que des procédés injustes comme ceux précités ci-dessus à propos des 50 millions n'aient découragé complètement beaucoup d'indigènes de suivre la voie du progrès et de la civilisation.

A qui la faute ?

L'administration et la police des tribus réorganisées, il faut songer immédiatement à constituer des Commissions disciplinaires ayant pour objet, dans chaque arrondissement, de juger les délits simples. Les meurtres et les vols qualifiés continueraient à être déférés aux Cours d'assises.

Je rappelle, pour mémoire, à M. le Gouverneur général que les indigènes sont beaucoup plus sensibles à l'amende qu'à la prison, et que les anciennes Commissions disciplinaires pouvaient infliger 300 francs d'amende et un an de prison.

Les Commissions disciplinaires jugeraient les prévenus sur un simple réquisitoire de l'Administration, dressé lui-même sur le rapport du Caïd de la tribu à laquelle appartient le délinquant, et ce rapport serait appuyée des déclarations de deux ou trois notables. De cette façon, le degré de moralité du prévenu serait parfaitement établie et la répression s'exercerait avec toutes les garanties d'équité et de proportion légale désirables.

Qu'on ne s'imagine pas que je demande ainsi le maintien des Djemâas actuelles. Dieu m'en préserve ! Car, je l'affirme respectueusement à M. le Gouverneur général, la Djemaâ est tout dans l'organisation de la tribu. Aussi faut-il qu'elle soit choisie avec un soin minutieux. Aujourd'hui c'est l'adjoint indigène qui en désigne les membres à son gré, suivant son intérêt ou son profit, et il serait difficile d'y trouver des notables, des hommes d'âge et d'expérience. En revanche on y rencontrerait facilement les associés ou les complices des voleurs de profession.

Le meilleur moyen de discerner les notables, les hommes honnêtes et respectés semble puéril à force de simplicité. L'Administrateur n'a qu'à se rendre, en personne, dans chaque village ou douar, d'en faire rassembler les habitants, et, *sans intermédiaire*, de leur demander à haute voix de désigner eux-mêmes leurs Aukaals (notables). Il sera rarement trompé, pourra voir immédiatement et juger les physionomies, apprécier les hommes qui lui seront désignés, compléter ses renseignements, et il peut être assuré, qu'à l'avenir, il saura exactement ce qui se passe autour de lui et connaîtra sûrement ses administrés.

L'Arabe, il ne faut point l'oublier, aime la justice, mais il l'aime surtout expéditive, principalement en matière pénale. Or, lorsque, tout d'abord, la moralité d'un prévenu aura été nettement établie par les moyens que j'indique ci-dessus, la répression sera d'autant plus efficace qu'elle aura été plus aisément rapide.

* *

Puisque nous parlons de la Justice, je rappelle qu'une des causes de la misère des indigènes est l'application qui leur a été faite de la procédure française qui leur coûte très cher et traîne forcément en longueur. Les juges de paix qui, pour la plupart, nous viennent directement de l'école, ne peuvent, comme les Cadis, apprécier et comprendre les droits musulmans. Le Cadi juge, pour ainsi dire, séance tenante et ses jugements coûtent de 1 à 11 fr. au plus. L'indigène n'a besoin ni d'agents d'affaires, ni d'intermédiaires d'aucune sorte. Le ministère des huissiers lui est inconnu. Que l'on revienne donc à la justice musulmane telle qu'elle existait jadis, nul ne s'en plaindra, surtout les indigènes.

* *

Je résume donc la question de la sécurité. Si j'ai osé l'aborder, c'est que, pendant quarante ans de service, attaché à des généraux ou maréchaux auxquels j'ai eu à prêter mon modeste concours pour l'organisation des tribus, j'ai acquis l'expérience des choses de ce pays, connu les besoins et les abus, et que j'ai pu songer aux moyens d'y remédier. Simple particulier aujourd'hui, j'ai cherché, pour le bien de l'Algérie et de la France, ma patrie adoptive, à jeter un peu de lumière dans les discussions qu'engagent, au sein des diverses assemblées, des orateurs plus éloquents que pénétrés de leurs problèmes. On ne saurait le leur reprocher, car tous ont étudié leur sujet avec le plus grand désir de trouver la solution tant cherchée. Mais, pour connaître l'indigène à fond, sa moralité et les dessous de son caractère, il faut être Arabe soi-même, parce que, s'élevant par l'éducation et l'instruction françaises, on n'en arrive que plus facilement à comprendre les mœurs et les habitudes des indigènes.

Ce ne sont donc ni les gendarmes, ni les agents de police qui pourront assister efficacement les administrateurs. Ces derniers, quels que soient leur zèle et leur dévouement, ont besoin d'auxiliaires capables, rompus à la connaissance vraie de la vie des tribus.

Les espions coûtent cher et ne servent à rien, l'essentiel étant pour eux de gagner du temps de quelque façon que ce soit. S'ils ne peuvent ou ne veulent trouver des renseignements, ils en inventent, puisque, bons ou mauvais, vrais ou faux, ces renseignements leur sont toujours payés.

Le Caïd, au contraire, n'a qu'à faire appel à ses propres serviteurs, à ses amis, et il obtient par son ascendant ce qu'il ne trouverait pas avec de l'argent. Il n'est pas jusqu'aux vieilles femmes et aux bergers auxquels il ne sache, sans en avoir l'air et, comme l'on dit vulgairement, tirer les vers du nez. Un mouchoir de o fr. 50 sera la récompense du naïf conteur, espion malgré lui. Mais si l'Administration montre un douro pour être servi de même, il ne saura rien. On se méfiera de lui parce que c'est un Européen.

Voilà la vérité sur la question de la Sécurité en Algérie. Je l'ai exposée tout entière et sans réticences, parce que, quoique vérité, elle me semblait bonne à dire.

A. TOUNSI

INTERPRÈTE MILITAIRE EN RETRAITE, CHEVALIER DE LA LÉGION D'HONNEUR,

OFFICIER DU NICHAM IFTIKHAR

ALGER. - IMPRIMERIE L. REMORDET ET Cie, RUE DE LA CASBAH, 4